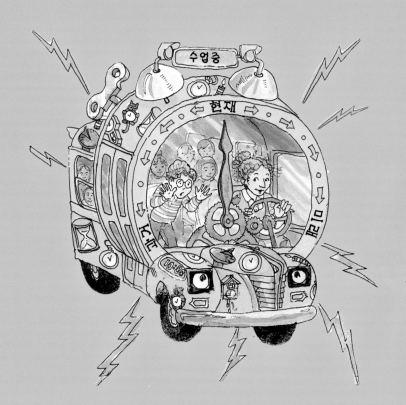

신기한 스쿨 버스

공룡 시대로 가다

신기한 스쿨 버스

The Magic School Bus® – In the Time of the Dinosaurs

공룡 시대로 가다

조애너 콜 글 · 브루스 디건 그림 / 이강환 옮김

비룡소

이 책을 준비하는 데에 도움을 주신
미국 자연사 박물관 척추동물 고생물학부 준큐레이터이신
마크 노렐 박사님께 감사드립니다.

유익한 자문을 해 주신 코네티컷 주 뉴헤이번의 예일대 부속 피버디 자연사 박물관 대중교육부 아르망 모건 씨,
예일대 부속 피버디 자연사 박물관 고생물학부 큐레이터이신 레오히키 박사님,
그리고 몬태나 주 보즈먼의 로키 박물관 티라노사우루스 렉스 전문가이신 데이브 바리치오 씨께 감사드립니다.

신기한 스쿨 버스
6. 공룡 시대로 가다

1판 1쇄 펴냄—1999년 12월 6일, 1판 50쇄 펴냄—2015년 11월 5일
글쓴이 조애너 콜 그린이 브루스 디건 옮긴이 이강환 펴낸이 박상희
펴낸곳 (주)비룡소 출판등록 1994. 3. 17.(제16-849호)
주소 06027 서울시 강남구 도산대로1길 62 강남출판문화센터 4층
전화 영업(통신판매) 02)515-2000(내선 1) 팩스 02)515-2007 편집 02)3443-4318,9
홈페이지 www.bir.co.kr

The Magic School Bus: In the Time of the Dinosaurs
by Joanna Cole and illustrated by Bruce Degen

Text Copyright ⓒ 1994 by Joanna Cole

Illustrations Copyright ⓒ 1994 by Bruce Degen

All rights reserved and/or logos are trademarks and registered trademarks of Scholastic, Inc.

Korean Translation Copyright ⓒ 1999 by BIR

Korean translation edition is published by arrangement with

Scholastic Inc., 555 Broadway, New York, NY 10012, USA through KCC.

Scholastic, THE MAGIC SCHOOL BUS, 신기한 스쿨 버스

and/or logos are trademarks and registered trademarks of Scholastic, Inc.

ISBN 978-89-491-3051-4 74400 / ISBN 978-89-491-5023-9(세트)

공룡의 세계로 우리를 안내해 준 아르망 모건 씨께

— 조애너 콜과 브루스 디건

오늘은 우리 학교 참관 수업이 있는 날입니다.
오후가 되면 우리들이 공부하는 모습을 보기
위해서 부모님, 친척들, 그리고 친구들이 옵니다.
지금 프리즐 선생님 반 아이들은 교실 전체를
공룡 동산으로 만들고 있어요.

소철

1이호
어서 오세요.
공룡 동산에
오신 것을
환영합니다.

참관 수업에서
마이아사우라들을
만나 보세요.

안녕!

이쪽입니다.

공룡들은 모두
지질 시대에
살았습니다. -셜리

우리가 만든
공룡 책들

엄청나게 큰
공룡들도 있었습니다.
-완다

작은 공룡들도
있었습니다.
-키샤

육식 공룡들도
있었습니다. -팀

초식 공룡들도
있었습니다.
-아널드

다른 공룡을 잡아먹는
공룡도 있었습니다.

먹을 거야
사우루스

으악!

먹지 마세요
사우루스

난 참관 수업 날이 좋아!

우리 부모님도
오실 거야.

우리 할머니도 오실 텐데.
내가 만든 공룡을
마음에 들어하실까?

공룡 뼈 모형
-피비

닭 뼈와
진흙으로
만들었
습니다.

6

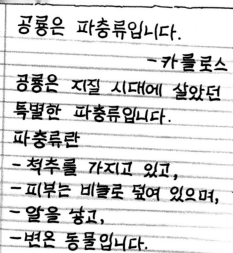

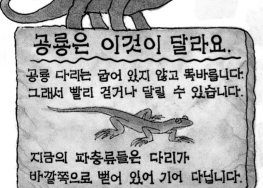

프리즐 선생님께서 계속 말씀하셨죠.

"우리 반이 공룡 발굴 현장에 초대 받았어요. 당장 출발할 거예요."

한 아이가 무비 카메라를 들고 나왔고, 나머지 아이들은 행운의 표시로 공룡 모형을 가지고 나왔죠. 학교에서 가장 이상한 선생님과 떠날 때에는 행운이 꼭 필요할 테니까요.

우리가 다시 삐걱거리는 이 고물 스쿨 버스를
타게 될 줄은 꿈에도 몰랐습니다.
아이들은 행운을 가져다 주는 공룡을 꼭
움켜잡았죠. 모든 일이 다 잘 되길 빌면서요.

내 행운의 공룡은
티라노사우루스 렉스야.

난
스테고사우루스야.

내 행운의 공룡은
과연 이 고물 버스가
제대로 움직일지
걱정된다는군.

변온 동물과 정온 동물
—팀

변온 동물은 바깥 온도에
따라서 체온이 변합니다.

우리는 열을
태양에서 얻죠.

우리는 추울
때에 천천히
움직여요.

정온 동물은 늘 일정한
체온을 가지고 있습니다.

우리는 열을 몸
속에서 직접 만들죠.

우리는 추울 때에도
바르게 움직일 수
있어요.

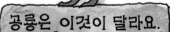

공룡은 이것이 달라요.
공룡들 가운데에는 정온
동물도 있었던 것 같습니다.
지금의 파충류들은 모두
변온 동물입니다.

공룡을 본 사람은 없습니다.
— 플로리
인류가 지구에 처음 나타났을
때에 공룡은 없었습니다.
이미 수천만 년 전에
멸종했기 때문입니다!
사람들은 화석을 통해서만
공룡이 있었다는 사실을
확인할 뿐입니다.

공룡의 화석은 다섯 종류가
있습니다.
— 알렉스

1. 뼈

2. 이빨

3. 발자국

4. 피부 자국

5. 알과 둥지

버스가 고속도로로 들어서자, 운전석에 앉은
프리즐 선생님께서 말씀하셨어요. "여러분, 우린 지금
화석 지대로 가고 있어요! 화석이 뭔지 아는 사람?"
다행히도 우리는 화석에 대한 숙제를 한 적이 있었습니다.
그래서 화석은 지질 시대에 살았던 동물이나 식물의
자국이라는 것을 모두 알고 있었죠.

이 그림은
엉터리야.

인간이 동굴에
살던 시대에는
공룡이 없었어.

원시
소년

원시 소년 잡지
우가우가!

버스로 한참을 달린 후에,

우리는 사람들이 일을 하고 있는 사막에 도착했습니다.

프리즐 선생님께서 이곳이 바로 공룡 발굴 현장이라고

말씀해 주셨어요.

그 사람들은 고생물학자들이었습니다.

지질 시대에 살았던 생물을 연구하는 과학자죠.

공룡은 지구에서 1억 5천만 년이 넘게 살았어요. 아널드, 놀랍지 않니?

내가 프리즐 선생님 반에서 이렇게 오래 버티고 있는 게 더 놀라워.

공룡이 죽으면 어떻게 화석이 될까요?
—카멘

1. 공룡이 죽으면 강바닥으로 가라앉아 썩습니다.

2. 뼈가 모래에 묻힙니다.

3. 오랜 시간이 흐르면 모래가 바위로 변합니다.

4. 그때 뼈도 바위처럼 단단해집니다.

공룡들 대부분이 화석이 되었을까?

아니! 공룡이 죽으면 대부분 썩거나 다른 동물들한테 잡아먹혔어

공룡은 이것이 달라요.

공룡들은 지금까지 인류가 지구에서 살아온 시간보다 1,500배나 더 오래 살았습니다.

찾은 뼈가 어느 부위에 있는 뼈인지
어떻게 알 수 있을까요?
　　　　　　　　　　－셜리

고생물학자들은 공룡의 뼈와
다른 동물의 뼈를 비교합니다.
예를 들어 새, 도마뱀, 개,
사람의 넓적다리뼈 모양을
알고 있다면,

새
도마뱀
개

사람

공룡의 넓적다리뼈 모양도
알 수 있습니다.

마이아사우라

14

고생물학자들은 실망한 것 같았어요. 그리고 우리한테 말을 했죠.
"우린 공룡 알 화석을 찾고 있는데, 아직 하나도 찾지 못했답니다."

넓적다리뼈

발가락뼈

갈비뼈

머리뼈

등뼈

발레리, 우린
마이아사우라 뼈만
찾았어.

사실,
우린 그 공룡의 둥지를
찾길 원해요.

난 선생님 이름이
발레리인지 몰랐어.

그때 우리는 프리즐 선생님의 눈빛이 반짝이는
걸 보았습니다. 갑자기 선생님께서 외치셨어요.
"여러분, 마이아사우라 둥지를 보고 싶나요?"
선생님은 서둘러서 우리를 버스에 타게 하시고,
시동을 거셨죠.

하지만 방금
도착했는데.

난 저
기중기를
자세히 보고
싶은데.

난 공룡 뼈를
더 보고
싶은데.

제프 안녕,
나중에 봐.

얼마 안 가서, 프리즐 선생님께서 버스를 세우셨습니다.
그리고는 계기판에 있는 다이얼을 돌리셨죠.
그러자 버스 모양이 점점 변하더니, 커다란 자명종
모양이 되었어요. 프리즐 선생님께서 이것이
타임머신이라고 말씀해 주셨습니다.

드디어 버스의 변신을 다 봤어.

마이아사우라는
지구상의 마지막
공룡이에요.

으악, 버스가 점점
이상해지는데.

15

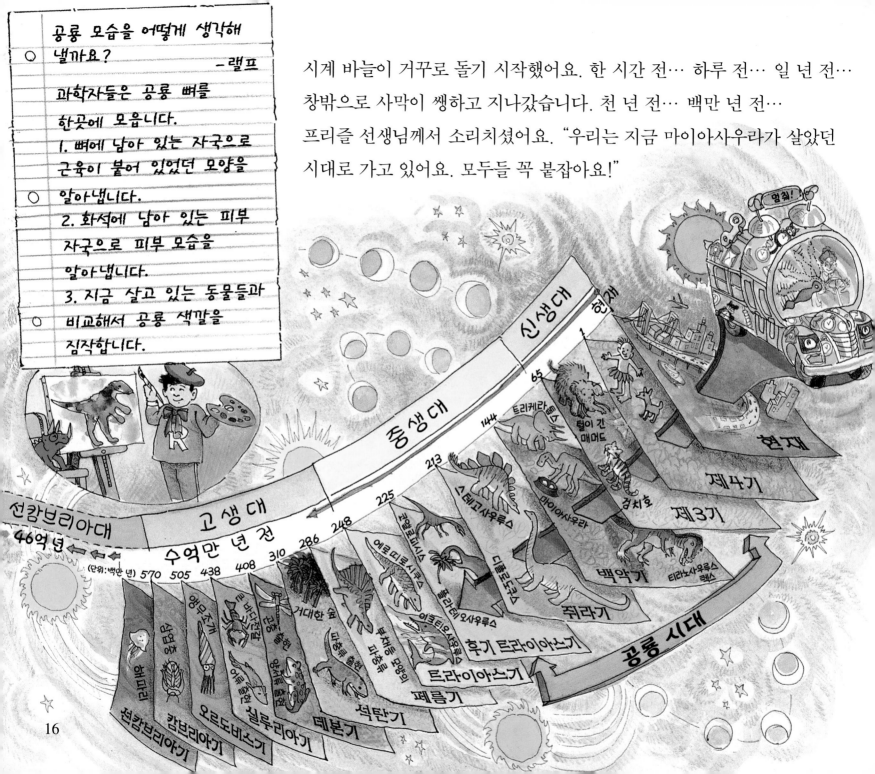

공룡 모습을 어떻게 생각해
○ 낼까요?
　　　　　　　　　　－랠프

과학자들은 공룡 뼈를
한곳에 모읍니다.
1. 뼈에 남아 있는 자국으로
근육이 붙어 있었던 모양을
○ 알아냅니다.
2. 화석에 남아 있는 피부
자국으로 피부 모습을
알아냅니다.
3. 지금 살고 있는 동물들과
○ 비교해서 공룡 색깔을
짐작합니다.

시계 바늘이 거꾸로 돌기 시작했어요. 한 시간 전… 하루 전… 일 년 전…
창밖으로 사막이 쌩하고 지나갔습니다. 천 년 전… 백만 년 전…
프리즐 선생님께서 소리치셨어요. "우리는 지금 마이아사우라가 살았던
시대로 가고 있어요. 모두들 꼭 붙잡아요!"

이빨 화석은 공룡이 무엇을 먹고 살았는지 알려 줍니다.
－피비

끝이 날카롭고 뾰족하게 생긴 이빨은 육식 공룡 이빨입니다.

트루돈
알로사우루스
티라노사우루스 렉스

양치질을 하면 이가 건강해집니다.
뻐드렁니도 상관없어요.

끝이 무디게 생긴 이빨은 초식 공룡 이빨입니다.

스테고사우루스
플라테오사우루스
카마라사우루스

프리즐 선생님께서 강가에서 사냥하고 있는 공룡을 가리키면서 말씀하셨어요.
"저 공룡은 코엘로피시스예요. 이렇게 초기 공룡들은 작고 가벼웠어요. 엄청나게 큰 공룡들은 나중에 나타난답니다."

코엘로피시스는 고기를 먹을 수 있는 튼튼한 이빨이 있어요. 그 이빨 가장자리에는 스테이크용 칼처럼 생긴 톱니가 있답니다.

스테이크처럼 보이지 않도록 조심해!

먹이:
잠자리
도마뱀
포유류
양서류

그때 갑자기 큰 파충류가 물속에서 기어 나오더니 커다란 입을 쩍 벌렸습니다. 프리즐 선생님께서 저건 공룡이 아니라 피토사우루스라는 악어와 같은 파충류라고 설명해 주셨어요. 피토사우루스는 작은 공룡 한 마리를 덥석 잡더니, 다시 물속으로 들어갔죠.
우리는 버스로 돌아가고 싶었어요. 그것도 지금 당장!
하지만 프리즐 선생님께선 우리가 트라이아스기 식물에 대해서 더 공부해야 한다고 말씀하셨습니다.

피토사우루스

육식 동물은 나쁜 동물일까요?
－아널드
그렇지 않습니다.
육식 동물(포식 동물) 역시
자연의 한 부분입니다.
육식 동물이 먹이를 얻기 위해서는
사냥을 할 수밖에 없습니다.

과학 낱말 공부 하나 더
－도로시 앤
포식 동물:
다른 동물을 잡아먹는 동물
피식 동물:
포식 동물에게 잡아먹히는 동물

난 포식 동물

으악! 난 피식 동물

19

트라이아스기 식물

―존

트라이아스기에는 이런 식물을 볼 수 있습니다.

속새   소철   양치 식물

은행나무   침엽수

은행나무

우리는 양치 식물을 조사하고 있었어요.
그때 프리즐 선생님께서 외치셨죠.
"저기 엄청나게 큰 사우로포드들을 보세요!
저 공룡들이 식물을 먹기 시작한 최초의 공룡이랍니다."

난 트라이아스기 식물이 좋기만 한데, 여러분은 어때요?

너 무슨 소리 안 들려?

뭔가 씹는 듯한 저 소리 말야?

앗, 프리즐 선생님만 트라이아스기 식물을 좋아한 게 아니잖아.

공룡은 이것이 달라요.

공룡들은 대부분 초식 동물입니다. 지금의 파충류에는 초식 동물이 몇 종류밖에 없습니다.

플라테오사우루스 이빨

소철

양치 식물

20

침엽수

플라테오사우루스

갑자기 억수 같은 비가 내려서 우리는 허둥거렸어요. 하지만 공룡들은 아무 일도 없는 듯 계속 먹고 있었죠. 우리가 버스 안으로 달려 들어오자 프리즐 선생님께서 말씀하셨습니다. "여러분, 시간 여행을 계속할 테니 준비하세요!"

아널드, 열대 숲에서는 비가 자주 오고, 많이 온단다.

좀 전에 가르쳐 주시면 얼마나 좋아!

제프 아저씨는 이 비디오를 분명히 좋아할 거야.

21

공룡과 함께 살았던 최초의
포유 동물
　　　　　　　　- 레이첼
후기 트라이아스기에
포유 동물이 최초로 나타났습니다.
그 포유 동물은 털로 덮인
쥐처럼 생겼습니다.

포유 동물이란?
　　　　　　　　- 완다
포유 동물은 다음과 같은 특징을
가지고 있습니다.
- 등뼈가 있고,
- 머리카락이나 털이 있으며,

- 정온 동물이고,
- 새끼에게 젖을 먹입니다.

버스가 막 출발하려고 할 때, 우리는 몸이 털로 덮인 작은 동물을 보았습니다. 프리즐 선생님께서 그 동물이 최초의 포유 동물이라고 설명해 주셨어요. 시계 바늘이 앞으로 움직이자, 트라이아스기의 열대 우림은 붕 하고 사라졌습니다.

우리는 언제
마이아사우라 알을
보게 되죠?

마이아사우라는 지금부터
1억 6천만 년 후에 살았어요.
자, 그럼 찾으러 갈까요?

현재

과거

미래

초기 포유 동물

따르릉! 따르릉! 비상종이 갑자기 울렸습니다.
프리즐 선생님의 당황스러운 목소리가 들렸죠.
"이러면 안 돼!" 글쎄, 이번에도 버스가
너무 빨리 멈춰 버린 거예요. 이곳은 바로
큰 공룡들이 많은 후기 쥐라기였어요!

후기 쥐라기에 지구는
어떻게 생겼을까요?

대륙들이 조금씩 떨어져 나가고
있었습니다.
◦ 육지에 둘러싸인 바다가 생기기
시작했습니다.
◦ 대서양이 생기기 시작했습니다.
◦ 지구 전체가 따뜻한 기후였습니다.
◦ 늪이 많고 낮은 평원이 생기기
시작했습니다.

아파토사우루스(브론토
사우루스라고도 함)

여기 매우 이상한
나무 줄기들이
있어.

음......, 나무
줄기들은 아닌
것 같은데.

지금 우리가 와 있는 시대

현재

신생대
6천 5백만 년 전

백악기
1억 4천 4백만 년 전

쥐라기
2억 1천 3백만 년 전

후기 트라이아스기
2억 2천 5백만 년 전

사우로포드는 어떤 공룡일까요?

– 아만다 제인

사우로포드는 몸무게가
아주 많이 나가고,
목이 긴 공룡입니다.
또 네 발로 걸어다니고
식물을 먹는 동물입니다.

사우로포드 종류

브라키오사우루스

디플로도쿠스

아파토사우루스

사이스모사우루스

프리즐 선생님께서 말씀하셨어요.
"여러분, 저 사우로포드 공룡들을 잘 보세요."
우리는 그 공룡들을 안 볼래야 안 볼 수가 없었어요.
왜냐면, 지금까지 지구에서 살았던
동물들 가운데 몸집이 가장 컸으니까요!

위에서 음식을
부수는 돌

아까 있던 시대로부터
6천만 년이나
흘렀다고.

사우로포드!

현재

저것 좀 보세요!
사우로포드들이 먹이를
통째로 삼키고 있어요!

피비, 사우로포드들은
이빨이 시원찮아.

그래서 먹은
음식물을 부수기
위해서 돌을
삼킨단다.

24

사우로포드는 늪지대에 살지
않았습니다.   ─랠프

사람들은 처음에 사우로포드가
늪에서 살면서 늪을 건너 다녔을
것이라고 생각했습니다. 그러나
발자국 화석을 보면 사우로포드는
땅 위를 걸어다녔고, 무리를 지어서
이동했다는 것을 알 수 있습니다.

이 발자국들은
같은 때에 생긴
것입니다.

그리고 모두
같은 방향으로
걸어갑니다.

발자국 화석

위에서 본 모습

공룡 떼

뭐, 공룡이
때를 민다고?

저 엄청나게 큰
사우로포드들을 다
먹여 살리려면 식물이
남아나질 않겠군.

사우로포드는
대부분의 시간을
먹는 데 보낸대.

와, 정말 멋진
인생이야!

공룡은 이것이 달라요.

어떤 공룡들은 무리를 지어서 이동한 것
같습니다. 그러나 지금의 어떤 파충류들도
무리를 지어서 이동하지 않습니다.

공룡은 알을 낳습니다.

　　　　　　-아만다 제인

공룡의 알 화석을 찾아
냈습니다.
몇 개의 알 속에는 죽은
공룡 새끼의 작은 뼈가
들어 있었습니다.

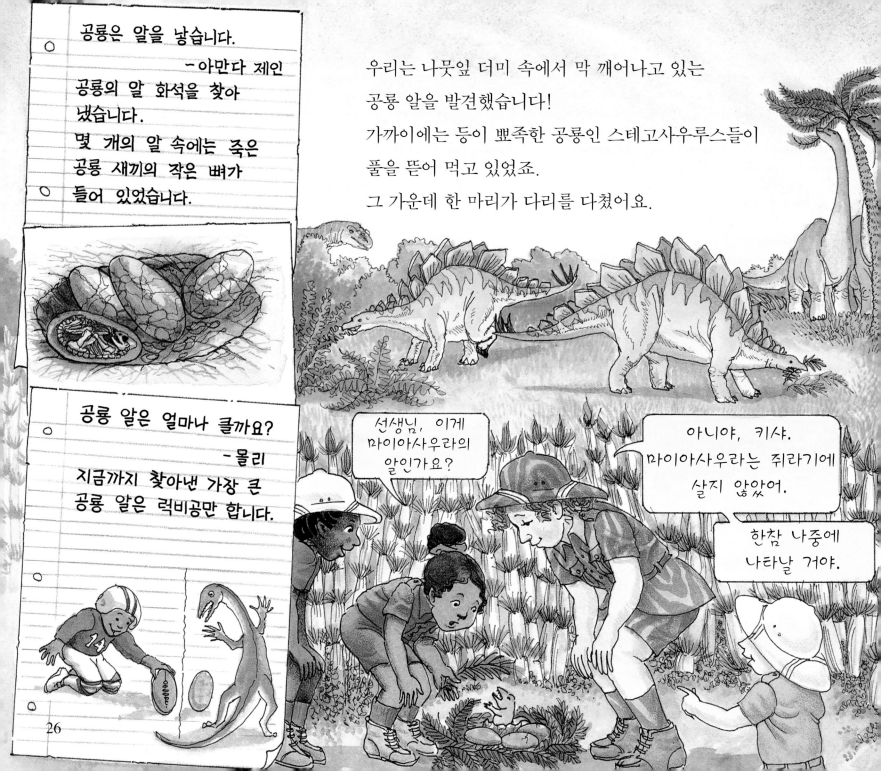

공룡 알은 얼마나 클까요?

　　　　　　-몰리

지금까지 찾아낸 가장 큰
공룡 알은 럭비공만 합니다.

우리는 나뭇잎 더미 속에서 막 깨어나고 있는
공룡 알을 발견했습니다!
가까이에는 등이 뾰족한 공룡인 스테고사우루스들이
풀을 뜯어 먹고 있었죠.
그 가운데 한 마리가 다리를 다쳤어요.

선생님, 이게
마이아사우라의
알인가요?

아니야, 키샤.
마이아사우라는 쥐라기에
살지 않았어.

한참 나중에
나타날 거야.

갑자기 알로사우루스가 다친 스테고사우루스에게로 다가갔어요!
스테고사우루스는 죽을 힘을 다해 뾰족한 꼬리를 휘둘렀죠.
하지만, 꼬리가 알로사우루스를 살짝 스칠 뿐이었어요!
이제 어떻게 될까요? 우리는 모두 숨을 죽이고 있었답니다.

사냥을 하는 것은 어렵습니다.
－알렉스
포식 동물도 위험할 때가
있습니다.
포식 동물이 피식 동물한테
오히려 상처를 입을 수도
있고, 죽을 수도 있습니다.
그래서 포식 동물은 약하거나,
다쳤거나, 어린 동물을
공격합니다.

이빨 가장자리는 톱니처럼 생겼습니다.

알로사우루스 이빨
(실제 크기)

27

우리는 타임머신으로 돌아왔습니다.
프리즐 선생님께서 이상하게 생긴 새를 가리키면서
말씀하셨어요. "새는 후기 쥐라기에 처음 나타났어요."
그리고 선생님은 미래로 가는 단추를 누르면서 소리쳤죠.
"자, 마이아사우라, 우리가 간다!"

우린 아직도
마이아사우라 둥지를
찾지 못했다고요.

알았어요.
지금 보러
갑시다!

새는 지금 살아 있는 공룡입니다!
— 셜리

대부분 고생물학자들은
지금 우리 주위에 있는 새가
공룡의 직계 후손이라고
말합니다.

와, 트위티.
너 굉장하구나.

새의 과거와 현재
— 마이클
최초의 새는 공룡처럼 이빨과

시조새 (최초의 새)

손톱이 있는 손가락, 그리고
뼈가 있는 꼬리가 있었습니다.
지금 우리 주위에 있는 새는
그렇지 않습니다!

공룡은 모두 육상 동물이었습니다.
—그레고리
바다에서 살았던 공룡은
없습니다.
백악기 동안 공룡은 육지에서
살았습니다.

여기선 공룡을
찾을 수 없어.

따르릉! 따르릉! 또다시 비상종이 울렸습니다.
우리는 서둘러 밖을 내다보았죠. 그 순간 너무 놀라서 모두들
얼어붙어 버렸어요! 이번에도 타임머신이 너무 빨리 멈췄답니다.
프리즐 선생님께서 설명해 주셨어요.
"여러분, 지금은 후기 백악기예요. 이때에는 남북 아메리카
대륙 한가운데가 바다였답니다."

여기는 아까
우리가 떠난 바로
그곳이야. 시간만
2천 5백만 년
흐른거라고.

시간이
날아가는 것처럼
지나가네!

저기 날아가는
게 또 있어.

프테라노돈

현재

신생대
6천 5백만 년 전

백악기
1억 4천 4백만 년 전

쥐라기
2억 1천 3백만 년 전

후기 트라이아스기
2억 2천 5백만 년 전

지금 우리가 와 있는 시대

창문 밖으로는 엄청나게 큰 바다 파충류들이 헤엄치고 있었습니다.
머리 위로는 날아다니는 파충류들이 재빠르게 물 위를 미끄러지듯
나아갔죠. 그다음 부리를 물속으로 집어넣어 물고기를
잡고 있었어요. 물이 조금씩 새기 시작했기에,
프리즐 선생님께선 얼른 시계를 미래로 맞추셨습니다.

난 집이 그리워.

난 뱃멀미가 나.

예전 학교의 스쿨 버스는 물이 새지 않아.

프리즐 선생님, 여기가 육지인 시대로 갈 수 없나요?

바다 파충류와 날아다니는 파충류 : 이들도 공룡일까요?
　　　　　　　　　　　　ㅡ팀

아닙니다.
공룡의 친척뻘 정도는
되지만 공룡은
아닙니다.

안녕, 사촌!

아켈론

엘라스모사우루스

이크티오사우루스

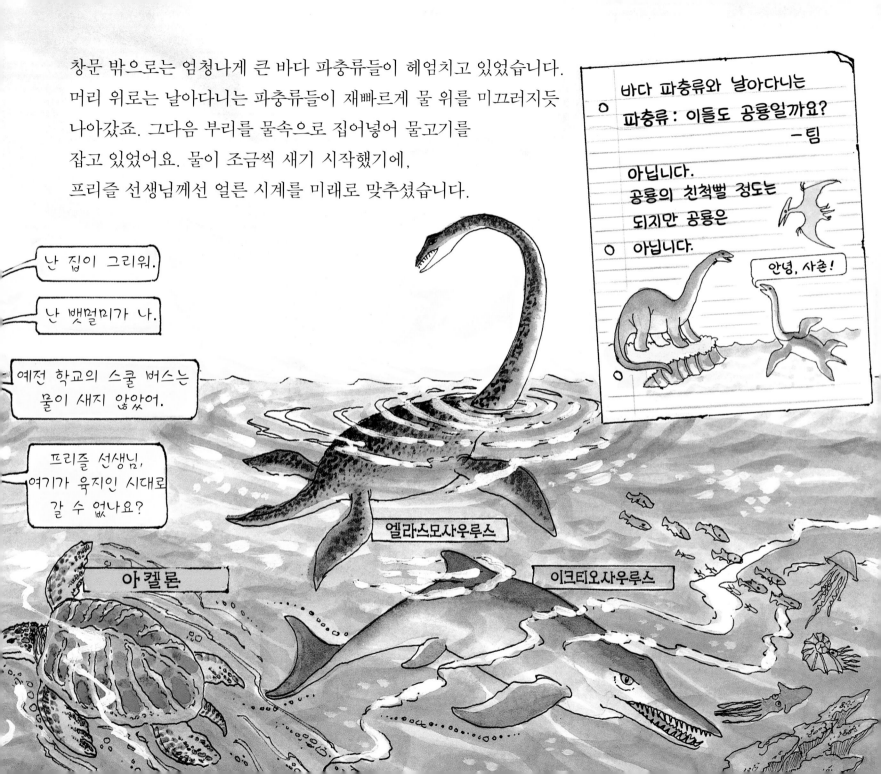

백악기 맨 마지막에
지구는 어떻게 생겼을까요?

대륙과 대륙이 후기 쥐라기보다
더 멀리 떨어져 나갔습니다.
○ 기온은 더 내려갔습니다.
○ 계절이 생겼고 극지방이
   얼음으로 덮였습니다.

현재

신생대
6천 5백만 년 전

백악기
1억 4천 4백만 년 전

쥐라기
2억 1천 3백만 년 전

후기 트라이아스기
2억 2천 5백만 년 전

지금 우리가 와 있는 시대

여러분,
바다였던 부분이
육지로 바뀌었어요.

여기가
마이아사우라 시대야.

아하, 2백만 년이
흐르면 이렇게 변하는군요!

안 가는 것보단
늦는 게 낫지!

우리는 다시 2백만 년 앞으로 왔습니다.
바로 백악기에서 거의 마지막 시기에 도착한 거죠.
여기가 바로 처음부터 우리가 찾던
마지막 공룡 시대랍니다.

32

우리는 버스에서 내렸습니다. 그리고 같은 백악기지만 뭔가
달라졌다는 것을 금방 알아차렸죠. 기온이 내려가 더 추웠어요.
곳곳에는 여러 가지 꽃들과 열매들이 있었습니다.
그리고 수많은 새로운 초식 공룡들도 있었고요.
프리즐 선생님께서 말씀하셨어요. "이 초식 공룡들은 씹을 수
있는 튼튼한 이빨과 양 볼이 있어요. 그래서
다른 공룡들보다 더 잘 씹을 수 있죠!"

양 볼은 음식물이
떨어지지 않게 해 줘요.
그래서 초식 동물은
씹고 있는 음식물을
흘리지 않고
먹을 수 있어요.

와, 전 볼이
그렇게 중요한
일을 하는지
몰랐어요.

백악기에 살았던 새로운 초식 공룡들 -프리즐 선생님

오리너구리형 공룡
딱딱한 부리 안에
이빨이 수백 개
있습니다.

둥근 머리형 공룡
머리가 두꺼워서
숫양처럼 머리를
부딪치며 싸웠을
것 같습니다.

갑옷형 공룡
가죽이 갑옷처럼
단단하고, 이빨은
거의 없습니다.

뿔형 공룡
목에 장식이 있고
뿔이 있으며,
이빨이 얇습니다.

공룡은 이것이 달라요.
어떤 공룡들은 음식을 씹어 먹었습니다.
지금의 파충류들은 음식을 씹어 먹지
않고 통째로 삼킵니다.

**오리너구리형
공룡의 이빨**
오리너구리형 공룡은
이빨이 수백 줄
늘어서 있습니다.

33

어, 어, 큰일났어!

앗, 티라노사우루스잖아!

여러분, 티라노사우루스보다 이빨을 더 많이 가진 공룡은 있어요. 하지만 더 큰 이빨을 가진 공룡은 없답니다.

저 이빨을 몽땅 닦으려면 치약이 많이 들겠어.

이빨 가장자리는 톱니처럼 생겼습니다.

티라노사우루스 렉스
공룡 이빨 가운데
가장 큼
(실제 크기)

스티라코사우루스

초식 공룡들이 먹이를 씹는 것을 보고 있을 때에 티라노사우루스들이 다가왔어요.
티라노사우루스는 지금까지 본 육식 공룡 가운데 몸집이 가장 컸답니다. 티라노사우루스 입은 날카롭고 뾰족한 이빨 60개가 달린 거대한 씹는 기계와 같았어요!

34

티라노사우루스는 정말 무시무시했습니다.
그때에 트루돈 한 무리까지 나타났어요.
몸집은 작았지만 수가 아주 많았죠.
트루돈들은 버스를 둘러싸서 살피기 시작했어요.
우리는 잠깐 상황을 지켜보다가 뛰기 시작했죠.

우리는 달리고 달려서 언덕 꼭대기까지 올라갔습니다.
그러자 믿기지 않는 장면이 펼쳐졌어요.
바로 우리가 찾던 마이아사우라 둥지들을 찾았지 뭐에요!

마이아사우라 새끼가 둥지에서
자랐다고 생각되는 이유
　　　　　　　　　—완다
다음은 과학자들이 처음
마이아사우라 둥지를 찾아
냈을 때에 본 것들입니다.
· 부서진 알 껍데기 :
새끼가 둥지에서 알을 깨고
나왔다는 것을 보여 줍니다.
· 크기가 서로 다른 뼈 :
새끼가 둥지에서 자랐다는
것을 보여 줍니다.

· 닳은 이빨 :
어미가 물어다 주는 먹이를
먹었다는 것을 보여 줍니다.

우리만 마이아사우라를 찾아낸 것이 아니었어요.

트루돈들이 우리 뒤를 쫓아왔답니다.

트루돈들은 곧바로 둥지를 공격하기 시작했어요.

어미 마이아사우라들은 있는 힘을 다해 새끼를 보호했죠.

그때 갑자기 모래 폭풍이 불어왔습니다.

불과 몇 분 만에 모래 더미가 공룡들을 뒤덮었어요.

이 공룡들은 모두 땅에 묻힐 거예요.

불쌍한 공룡들!

우리도 불쌍하긴 마찬가지야!

모든 일이 눈 깜짝할 사이에 일어났습니다.
우리가 공룡들을 구할 방법은 없었죠.
그 공룡들은 나중에 화석이 될 거예요.

오, 이런!
내 마이아사우라
모형을
떨어뜨렸어!

빨리
뛰기나 해!

우리는 다시 버스로 돌아왔습니다.
프리즐 선생님께선 시간을 미래로 맞추고
버스를 운전하셨어요.
드디어 우리는 집으로 가고 있다고
생각했는데, 버스는 도중에 "끼익"
소리를 내면서 멈췄답니다.

스트루티오미무스

지금 우리가 와 있는 시대

현재

신생대
6천 5백만 년 전

백악기
1억 4천 4백만 년 전

쥐라기
2억 1천 3백만 년 전

트라이아스기
2억 2천 5백만 년 전

프리즐 선생님께서 말씀하셨어요.
"우리는 지금 백악기에서 맨 마지막 순간에 와 있어요."
그때 우리는 하늘에서 밝게 빛나는 물체를 보았습니다.
프리즐 선생님께서 계속 말씀하셨죠. "밝은 빛을 내는
저 운석을 잘 보세요. 운석은 우주 공간에서 날아오는
엄청나게 큰 바위랍니다. 곧 지구에 부딪힐 거예요."

저 운석은 엄청난 폭발을
일으켜요. 그러면 검은 먼지가
하늘을 덮어 햇빛을 가리게
되죠. 그러면 식물이 자랄 수
없어요. 결국 많은 생물들이
멸종하게 된답니다.
물론 공룡도요.

프리즐 선생님, 저 운석과
부딪히기 전에 여길
떠날 수 있나요?

40

람베오사우루스

프리즐 선생님께서 미래로 가는 단추를 누르자,
버스는 다시 출발했습니다.

여러분, 우리는 집에서
겨우 6천 5백만 년밖에
떨어져 있지 않아요.

가장 빠른
속도로 달리세요.
제발……

현재 지구의 모양

그린란드
북아메리카
유럽 아시아
아프리카
남아메리카
오스트레일리아
남극

우리는 교실로 돌아왔습니다.
그리고 우리가 여행했던 공룡 시대를 그림표로 만들었죠.
그림표를 다 만들자마자 참관 수업 손님들이 들어오기
시작했어요.

바나나사우루스 렉스

양말사우루스

냄비사우루스

프리제라톱스

공룡에 대해
좀 더 알아봅시다.

공룡 이야기
선사 시대의 바다를 누비며
파충류 시대
공룡은 왜 멸종했는가?
용각류와 수각류 공룡

아널드, 공룡 탐험
정말 놀라웠지?

난 이 책의
모험이 더 좋아.

역시 우리 아들이야.

독서용 의자

정원에서
가능한
101가지
모험

목련

양치 식물

은행나무

공룡 시대에 살았던
식물과 비슷한 식물들

43

그린이 작업대

브루스 디건

목련은 지질 시대 식물과 아주 비슷합니다.

티라노사우루스 렉스
옛날에는 똑바로 서 있는 자세로 그렸습니다.

티라노사우루스 렉스
지금은 수평의 자세로 그립니다. 꼬리로 균형을 잡습니다.

우리는 공룡들 색깔을 모릅니다. 지금 살고 있는 파충류에는 얼룩점이 있습니다. 아마 공룡에도 얼룩점이 있었을 겁니다.

스테고사우루스 골판
등에 있는 얇은 판(골판) 두 줄은 나란할까, 어긋나 있을까?

양치 식물

티라노사우루스의 이빨 화석 모형
양치질 필요 없음

프리즐 선생님 옷에 대한 생각들

베일리

47

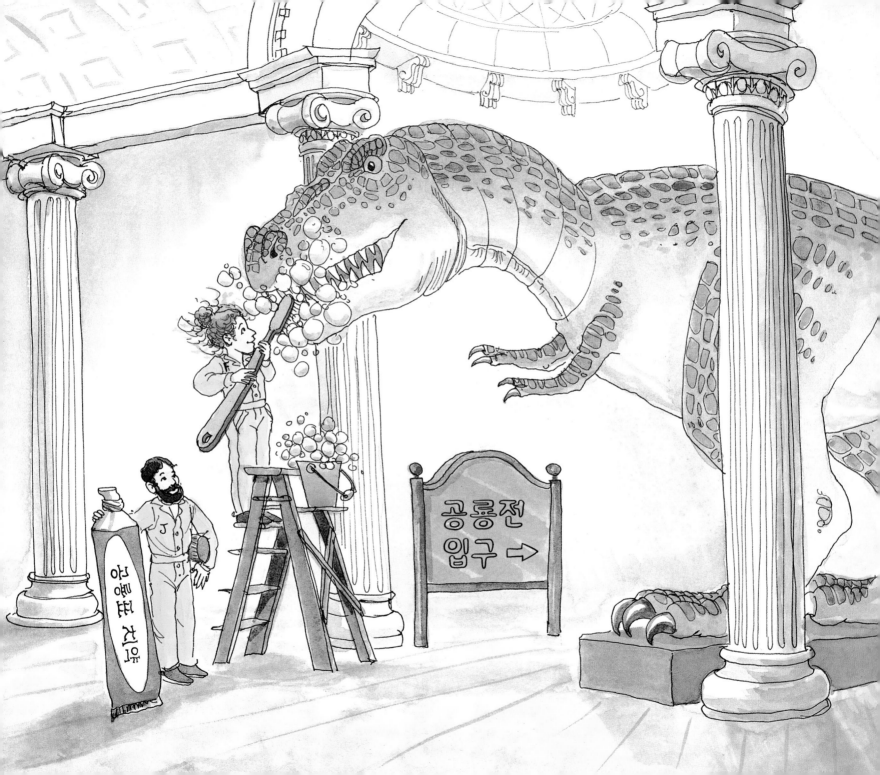

글쓴이 조애너 콜은
어렸을 때부터 벌레나 곤충에 관한 책을 즐겨 읽는, 과학을 좋아하는 영리한 소녀였다. 책을 쓸 때는 항상 먼저 자료 조사를 충분히 거친 후
박물관을 직접 방문하거나 현장 답사를 하고, 전문가들과 인터뷰를 하는 등 철저한 사전 준비를 하는 것으로 유명하다.
「신기한 스쿨 버스」 시리즈를 비롯한 많은 책들로 《워싱턴 포스트》지 논픽션 상, 미국 도서관 협회 선정 올해의 어린이 책,
어린이 책에 기여한 공로로 주는 데이비드 맥코드 문학상 등 많은 상을 수상했다.

그린이 브루스 디건은
1945년 미국에서 태어나 뉴욕 쿠퍼 유니언 대학과 프라트 대학에서 일러스트를 전공했다. 한때 아이들에게 미술을 가르치기도 했으며,
「신기한 스쿨 버스」의 프리즐 선생님이나 아이들처럼 밝고 익살스럽고 활기찬 성격을 갖고 있다. 자신이 그린 그림 중 가장 인상적인 캐릭터로
프리즐 선생님을 꼽을 정도로 「신기한 스쿨 버스」에 대한 애착이 남다르며 현재까지 40권이 넘는 어린이 책을 쓰고 그렸다.

옮긴이 이강환은 서울대학교 천문학과를 졸업하고, 같은 대학 대학원에서 박사 학위를 받았다. 현재 국립 과천 과학관에서 근무하고 있다.
옮긴 책으로는 여러 권의 「신기한 스쿨 버스」 시리즈가 있다.

신기한 스쿨 버스